Las matemáticas cuentan

Acerca de esta serie

Los niños aprenderán a solucionar problemas de matemáticas, a comunicarse por medio de las matemáticas y a razonar matemáticamente mediante el uso de la serie "Las matemáticas cuentan", de acuerdo con los objetivos principales del Consejo Nacional de Profesores de Matemáticas.

Los libros *Patrones*, *Formas y figuras* y *Tamaños* pueden estudiarse primero en cualquier orden.

Después pueden utilizarse *Ordenar*, *Contar* y *Números*, seguidos de *Tiempo*, *Longitud*, *Peso* y *Capacidad*.

—Ramona G. Choos, profesora de Matemáticas,
asesora principal del decano de Educación Continua de la Universidad Estatal de Chicago;
patrocinadora del Club de Matemáticas para Maestros de Escuela Primaria de Chicago

Nota del autor

Las matemáticas forman parte del mundo de los niños. No se trata solo de interpretar números o dominar trucos de suma o multiplicación. Las matemáticas nos ayudan a entender ciertas ideas esenciales, y esas ideas han sido desarrolladas en esta serie con el fin de explicar cualidades particulares como el tamaño, el peso y la altura, así como las relaciones y las comparaciones entre los objetos. Sin embargo, con demasiada frecuencia se olvida o ignora el importante papel que la comprensión de las matemáticas desempeña en el desarrollo de los niños.

La mayoría de los adultos puede realizar operaciones matemáticas sencillas sin necesidad de contar con los dedos o utilizar una calculadora. Sin embargo, a los niños pequeños les resulta casi imposible realizar esas operaciones, que para ellos son abstractas. Los niños necesitan ver, hablar, tocar y experimentar.

Las fotografías y el texto de estos libros han sido seleccionados para fomentar el diálogo sobre temas esencialmente matemáticos. Al estudiarlos y comentarlos, los jóvenes lectores podrán explorar algunos de los conceptos principales en los que se basan las matemáticas. Es a partir de la comprensión de estos conceptos que se fomentará el progresivo dominio de las matemáticas por parte de los estudiantes.

—Henry Pluckrose

Las matemáticas cuentan

Tamaños

Henry Pluckrose

Consultora de Matemáticas: Ramona G. Choos,
profesora de Matemáticas

Children's Press®
un sello editorial de Scholastic Inc.

¿Alguna vez te has preguntado qué significan realmente las palabras? Esto es un oso de peluche. Es tan grande que sería difícil de cargar.

Este bebé elefante es más grande que el oso de peluche, pero es más pequeño que su mamá.
La mamá elefante es la más grande de los tres.

Este es un auto de juguete.
¿Cómo sabes que es demasiado
pequeño para llevar gente?

Este auto parece casi tan pequeño como el de juguete. ¿Cómo sabes que es más grande?

Esto es una camioneta.
¿Crees que sea más grande
o más pequeña que el auto?

Esto es un autobús de dos pisos. Puede llevar más de 50 personas. Es más grande que el auto y que la camioneta. Es el vehículo más grande.

Para saber el tamaño de las cosas necesitamos tener algo con qué compararlas. Estas ruedas pueden ser de cualquier tamaño.

¿Cómo sabes que esta rueda es enorme?

Es difícil saber el tamaño de este modelo de dinosaurio. ¿Es grande o pequeño?

Sabemos que este dinosaurio es muy grande.

Estas frutas tienen diferentes tamaños.
¿Cuál es la más grande? ¿Cuál es la más pequeña?

Estos ositos de peluche no son del mismo tamaño.
¿Cuál es más grande? ¿Cuál es más pequeño?

A veces necesitamos ordenar las cosas según su tamaño.
Estos frascos tienen diferentes tamaños.

Ahora están ordenados según su tamaño.
El frasco más grande está a la izquierda.
El frasco más pequeño está a la derecha.

Las palabras *grande* y *pequeño* describen el tamaño de las cosas.

Un conejo es
más grande que
un hámster,

19

pero más pequeño que un pony.

Un pony es un animal grande,
pero es más pequeño que un caballo.

Las palabras *grande* y *pequeño* nos ayudan a comparar una cosa con otra. Un abrigo puede ser demasiado grande...

o demasiado pequeño.
¿Es la niña demasiado
grande o el abrigo
demasiado pequeño?

Cuando compramos zapatos, tenemos que asegurarnos de que sean del tamaño correcto...

para la persona que los va a usar.

A veces necesitamos hacer
que las cosas sean más grandes
para poder verlas más fácilmente.
Un avispón es una criatura pequeña.
Ampliado, se ve así.

Estas son gotas de lluvia sobre una hoja. También han sido ampliadas.

A veces las cosas parecen más pequeñas de lo que realmente son. Este avión parece pequeño cuando está en el cielo.

En tierra se ve mucho más grande.

¿Cómo sabes que esta casa es lo suficientemente grande para vivir en ella?

¿Cómo sabes que esta fue construida para muñecas?
¿Cuál es la cosa más grande que te viene a la mente?
¿Cuál es la más pequeña?

Índice

Library of Congress Cataloging-in-Publication Data available.

Originally published as *Math Counts™: Size*

Copyright © The Watts Publishing Group, 2018
Spanish Translation copyright © 2025 by Scholastic Inc.

ISBN 978-1-5461-0230-4 (library binding) / ISBN 978-1-5461-0231-1 (paperback)

10 9 8 7 6 5 4 3 2 1   25 26 27 28 29

Printed in China   62
First Spanish printing, 2025

Credits: Photos ©: 6: Ocusfocus/Dreamstime; 7: Marina Indova/Getty Images; 8: Grafissimo/Getty Images; 9: Dallas Kilponen/Bloomberg/Getty Images; 10 brass gears: robas/Getty Images; 10 rusty gears: GLYPHstock/Getty Images; 11: Leena Yla-Lyly; 14: duescreatius1/Getty Images; 16–17 jars: Bianca Alexis Photography; 18: sam74100/Getty Images; 19: khilagan/Getty Images; 22, 23: Bianca Alexis Photography; 24: RTimages/Getty Images; 25: evgenyatamanenko/Getty Images; 26: Antagain/Getty Images; 29: Monty Rakusen/Getty Images. All other photos © Shutterstock.